C'EST UNE AVENTURE DE LUI

LUI

ET DES POULES.

POULET GRAIN-GRAIN

FRANÇOIS SAMSON-DUNLOP
ALEXANDRE FONTAINE ROUSSEAU

Poulet
grain-grain

LA MAUVAISE TÊTE

« Mieux vaut mourir poule libre que poulet frit. »

— proverbe aviaire américain

La Mauvaise Tête, éditeur
Montréal (Québec) Canada

ISBN 978–2–923942–05–6

Dépôt légal, 3ᵉ trimestre 2013
Bibliothèque et archives nationales du Québec
Bibliothèque et archives Canada

Première édition

La volaille insouciante est placée sur le convoyeur qui mène à L'ABATTOIR.

La terreur s'empare d'elle lorsque le grincement infernal des fatales machines se fait insoutenable...

D'abord écorché vif, l'adorable animal est ensuite passé dans *LA DÉCHIQUETEUSE*, horrible torture dont la bête ressort méconnaissable.

La purée, *techniquement* toujours vivante, pousse alors un *ULTIME GÉMISSEMENT*...

...avant d'être passée au rouleau compresseur, ce qui donne à ce qui fut autrefois une fière bête l'aspect général d'une *pâte homogène* avec laquelle seront produites les galettes, pépites, trous de beignes et autres bâtonnets qui serviront à alimenter les plus fins gastronomes de l'*AMÉRIQUE ENTIÈRE*.

...ON SENTAIT VRAIMENT LA SOUFFRANCE DU POULET...

C'EST COMME SI C'ÉTAIT MOI QUE L'ON ÉVISCÉRAIT AINSI.

J'ÉTAIS CE POULET. À TRAVERS LUI JE VIVAIS L'EXPÉRIENCE D'UNE ALTÉRITÉ INSOUTENABLE...

...ET C'ÉTAIT INSOUTENABLE!

...ET CE DOCUMENTAIRE TÉLÉVISÉ À LA NARRATION OUTRANCIÈRE T'A CONVAINCU DE NE PLUS JAMAIS MANGER DE VOLAILLE?

ABSOLUMENT.

JE REFUSE D'ENCOURAGER DE QUELQUE MANIÈRE QUE CE SOIT UNE INDUSTRIE QUI TORTURE AINSI NOS PLUMÉS AMIS.

LA POULE EST UN ANIMAL NOBLE.

IL EST IGNOBLE DE RÉDUIRE LE SEIGNEUR DE LA BASSE-COUR AU RANG DE VULGAIRE MATIÈRE PRÊTE-À-MANGER...

...COMME LE FONT LES BARONS DE L'ALIMENTATION.

LA POULE EST AUSSI, C'EST UN FAIT NON NÉGLIGEABLE À CONSIDÉRER, UN ANIMAL DÉLICIEUX DONT TU NE SAURAIS TE PASSER DE LA CHAIR.

JE DEVRAI **MOI-MÊME** PRODUIRE, AVEC TOUT L'AMOUR ET LE RESPECT DONT MON CŒUR SAIT FAIRE PREUVE, DES POULETS D'UNE QUALITÉ SUPÉRIEURE, NOURRIS DU MEILLEUR DES GRAINS, DES POULETS QUI SERONT LIBRES DE COURIR GAIEMENT DANS LES CHAMPS QUE J'AURAI **MOI-MÊME** AMÉNAGÉS AVEC TENDRESSE ET ATTENTION. UN IDYLLIQUE REFUGE CHAMPÊTRE, À L'ABRI DES VIOLENCES DE LA MODERNITÉ, OÙ HOMMES ET POULES POURRONT ENFIN VIVRE DANS L'HARMONIE, OÙ LA NOBLE SYNERGIE DE LA CHAÎNE ALIMENTAIRE POURRA S'EXERCER SANS ÊTRE SOUILLÉE PAR LA CRUAUTÉ INTRINSÈQUE DE CES RÉGIMES ÉCONOMIQUES QUI ANCRENT NOS EXISTENCES DANS UNE LOGIQUE DE PRODUCTIVITÉ DÉSHUMANISANTE À LAQUELLE IL EST DE NOTRE DEVOIR DE RÉSISTER.

...ET C'EST **TOI**, FIDÈLE CAMARADE, QUI M'ACCOMPAGNERA DANS CETTE **TOUTE NOUVELLE AVENTURE** !

OH JOIE.

MAIS AVANT TOUTE CHOSE...

...IL NOUS FAUT RÉGLER UN PROBLÈME PRESSANT QUI MENACE L'AVENIR MÊME DE NOTRE JUSTE QUÊTE.

FFFF...

À SAVOIR : OÙ ALLONS-NOUS DÉNICHER LA CONSIDÉRABLE SOMME D'ARGENT NÉCESSAIRE À L'ACHAT D'UNE FERME, AUSSI MODESTE SOIT-ELLE ?

NON, NON, NON.

?

NOUS DEVONS TROUVER À CETTE CHARMANTE PETITE FERME <u>UN NOM</u>.

l'hésitation du laboureur ne saurait avoir raison de sa résolution

SCRIIICH
SCRICH, SCRICH
SCRICH, SCRICH

SCRICH
SCRIIICH
SCRIIICH
SCRICH
SCRICH
SCRICH

EFFACE

EFFACE

IL FAUT UN NOM QUI SOIT À LA FOIS **SÉRIEUX** ET **SYMPATHIQUE**.

... UN NOM QUI INSPIRE LA CONFIANCE TOUT EN SOULIGNANT L'ÉTHIQUE **HUMAINE** DE L'ENTREPRISE.

... QUELQUE CHOSE COMME *Au Bonheur des Poules*

« *Au Bonheur des Poules* » ?

UN TEL NOM ÉVOQUE L'INFÂME ODEUR DU PATCHOULI...

... LES INFORMES MOTIFS DU MACRAMÉ...

BARRE, BARRE.

... ET TOUTE CETTE ESTHÉTIQUE « GENTIL GNAN-GNAN » CADUQUE DONT IL FAUT NOUS ÉLOIGNER SI NOUS DÉSIRONS ÉVITER LES ÉCUEILS TRADITIONNELS DE L'AGRICULTURE ALTERNATIVE.

La Poule libérée..?

C'EST UN PEU TROP « MILITANT ». ON ÉLÈVE QUAND MÊME CES POULES POUR LES MANGER.

LEUR LIBERTÉ EST PAR CONSÉQUENT FORT RELATIVE.

ÉVIDEMMENT.

MAIS ON LES AIME.

ON AIME LES MANGER.

ON LES MANGE PARCE QU'ON LES AIME!

ÇA Y EST, J'AI TROUVÉ!

Le poulet vert

LE POULET VERT?

HUM...

NE VOIS-TU PAS LA CONNOTATION PEU APPÉTISSANTE DE CE NOM ?

C'EST UN NOM **PARFAITEMENT** APPÉTISSANT.

N'AS-TU PAS EN TÊTE L'IMAGE PEU RAGOÛTANTE D'UN VIEUX MORCEAU DE POITRINE DÉFRAÎCHIE INDIGNE DU PLUS MITEUX DES SANDWICHS **HOT CHICKEN** EN PRONONÇANT CE NOM?

NON.

NON?

NON.

JE REFUSE DE FAIRE MANGER DU POULET VERT AU BON PEUPLE!

17

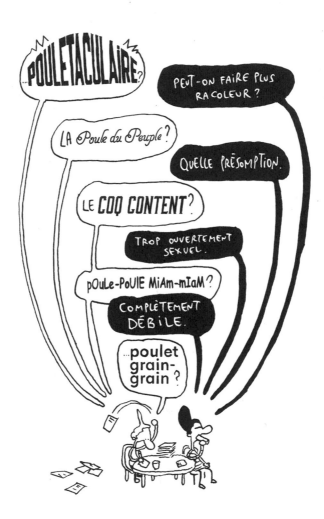

19

HONNÊTEMENT, J'AURAIS PRÉFÉRÉ QU'ON SE FASSE UNE PETITE PARTIE DE MILLE BORNES, TRANQUILLES EN SIROTANT NOTRE CAFÉ...

POULET!

nous irriguerons
les champs
de nos révoltes

RESPIRE CET AIR PUR! SENS-TU CET AIR PUR **PURIFIER** TES POUMONS DE L'IMPURE CORRUPTION INHÉRENTE À NOTRE SOCIÉTÉ IMPURE.

CE GENRE DE DISCOURS SUR LA PURETÉ MÈNE GÉNÉRALEMENT À DE DÉSASTREUX

JE SENS CETTE TERRE PRÊTE À NOUS ACCUEILLIR!

L'IMPRESSION DE RENAÎTRE M'ENVAHIT PROGRESSIVEMENT!

...ET MOI, CE QUI «M'ENVAHIT PROGRESSIVEMENT.»

...C'EST L'INSISTANTE IMPRESSION QUE TON IDÉALISME VOLATIL N'EST ANCRÉ DANS **AUCUNE** CONCEPTION CONCRÈTE DE CE QUE NOUS NOMMONS COMMUNÉMENT « LE RÉEL ».

TU SAURAS QUE J'ENTRETIENS UNE TRÈS BONNE RELATION AVEC « LE RÉEL »!

LOIN DE MOI L'IDÉE DE TE HEURTER PAR LA FORMULATION HÂTIVE D'UNE ÂPRE CRITIQUE À TON ÉGARD...

MAIS...

...IL ME SEMBLE LÉGITIME DE SOULIGNER L'EXISTENCE D'UNE CERTAINE DÉCONNEXION QUE J'OSERAIS QUALIFIER DE **FONDAMENTALE** ENTRE LEDIT IDÉALISME, ANCRÉ DANS UNE THÉORIE «PARFOIS» BANCALE...

...ET LA DURE RÉALITÉ D'UN «**CONCRET**» QUI REFUSE PARFOIS DE SE PLIER AUX ALÉAS DE TA FERTILE IMAGINATION.

CONCRET.

CE FAMEUX **CONCRET** DONT TU PARLES AVEC L'ODIEUSE RÉVÉRENCE D'UN PETIT MOINE PIEUX ME PRÉOCCUPE.

IL EST NORMAL D'ÊTRE PRÉOCCUPÉ PAR LE PIRE DE NOS ENNEMIS.

EN FAIT, IL ME PRÉOCCUPE À UN POINT TEL QUE J'AI DÉJÀ PENSÉ À **TOUS** LES OBSTACLES QU'IL POURRAIT SEMER SUR NOTRE ROUTE ET QUE, EN PRÉVISION DE CEUX-CI, J'AI UTILISÉ CETTE «FERTILE IMAGINATION»...

...DONT TU SEMBLES DÉPLORER LE *FANTASTIQUE* POUVOIR D'INVENTION...

...AFIN DE TROUVER DES SOLUTIONS PARFAITEMENT CONCRÈTES AUX DIFFÉRENTS PROBLÈMES TRÈS **RÉELS** AUXQUELS NOUS POURRIONS ÊTRE CONFRONTÉS.

25

...ET JE SUPPOSE QUE TU AS «IMAGINÉ» UNE «SOLUTION» TRÈS «CONCRÈTE» À CE «PROBLÈME» TRÈS «RÉEL».

ÇA FAIT BEAUCOUP DE GUILLEMETS TOUT ÇA.

...ET JE N'EN REGRETTE AUCUN.

SACHE QUE TU REGRETTERAS CETTE DISTANCIATION IRONIQUE...

IRONIE

...LORSQUE TU AURAS ÉTÉ EXPOSÉ À L'INDISCUTABLE GÉNIE DE...

...LA POULE DÉJEUNER!

La Poule Déjeuner ™

26

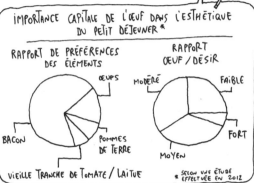

CE N'EST PAS NÉCESSAIREMENT À CETTE FANTAISIE BIEN TANGIBLE QUE JE PENSAIS QUAND JE PARLAIS DE CONCRET.

IL N'Y A POURTANT RIEN DE PLUS CONCRET QU'UN PETIT DÉJEUNER ÉQUILIBRÉ POUR COMMENCER LA JOURNÉE DU BON PIED.[MD]

JE VOULAIS DIRE QU'ON NE PEUT PAS TOUT BONNEMENT S'IMPROVISER FERMIER!

C'EST UNE **NOBLE** PROFESSION, DONT LES SECRETS SE TRANSMETTENT DE GÉNÉRATION EN GÉNÉRATION!

TSS.

SAURAIS-TU, PAR EXEMPLE, QUOI FAIRE DE *CETTE CHOSE*?

?

CETTE FOURCHETTE GÉANTE? ÉVIDEMMENT.

JE...

...POURRAIS...

...L'UTILISER POOOUR...

Journal de bord.
Nous nous sommes installés ici avec la ferme intention de dompter cette terre qui s'offre à nous.

Certes, il m'arrive de regretter le confort de mon ancienne vie dans cette civilisation que nous avons quittée.

La nature, infiniment cruelle, ne nous épargne pas un seul instant.

Mais chaque matin, lorsque le Soleil se lève sur les prés verdoyants de mon nouveau royaume...

...je sais que j'ai pris la bonne décision en m'installant ici...

ON EST ICI DEPUIS HIER.

Notre combat quotidien, c'est le refus de cette facilité qui use les hommes à force de paresse.

MPH!

À la sueur de nos fronts, ce que nous construisons ce n'est pas un simple enclos pour nos poules, c'est un nouveau modèle de société.

MRFF...

GRRR...

AAAH!

?

Un nouveau modèle de société.

40

le temps qui passe est une pomme de terre bouillie

(POUR BÉLA TARR)

CE FÉCULENT INCOLORE EST D'UN **ENNUI MORTEL**.

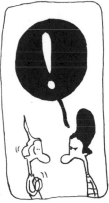

!

EN CAS DE MONOTONIE GUSTATIVE, TU N'AS QU'À ASPERGER L'ALIMENT COUPABLE D'UNE GÉNÉREUSE DOSE DE...

SAUCE SRIRACHA

MALICIEUSEMENT, CETTE PETITE SAUCE AU PIMENT S'EST INFILTRÉE DANS LE SUBCONSCIENT ALIMENTAIRE OCCIDENTAL PAR L'ENTREMISE DE LA SOUPE TONKINOISE, À LAQUELLE ON L'ASSOCIA LONGTEMPS.

AMÉRIQUE DU NORD

THAÏLANDE

MAIS CE CANTONNEMENT RÉDUCTEUR AU RÉSEAU RESTREINT DES METS ASIATIQUES N'ÉTAIT QUE TEMPORAIRE, CERTAINS FIN GASTRONOMES PLUS AUDACIEUX AYANT RAPIDEMENT COMPRIS QU'ON POUVAIT EN METTRE SUR **TOUT**.

POP!

IL N'EN FALLAIT PAS PLUS POUR QUE LES PAPILLES GUSTATIVES, S'HABITUANT PROGRESSIVEMENT AU PIQUANT DE LA SAUCE EN QUESTION, Y DEVIENNENT IMMUNISÉES...

1970
1980
1990
2000

CHARTE DE TOLÉRANCE

...REDÉFINITION DES STANDARDS ALIMENTAIRES CONTEMPORAINS QUI, CELA VA DE SOI, PROVOQUA UNE EXPLOSION DE L'INDICE DE CONSOMMATION DE LADITE SAUCE.

SAUCE SRIRACHA

PÉTROLE BRUT

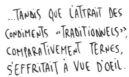
CAR CE QUI, AUTREFOIS, RENDAIT L'ALIMENT «PIQUANT» LE RENDAIT DÉSORMAIS «NORMAL»...

CHILI

LE NOUVEAU COOL

...TANDIS QUE L'ATTRAIT DES CONDIMENTS «TRADITIONNELS», COMPARATIVEMENT TERNES, S'EFFRITAIT À VUE D'OEIL.

EN PLUS, UN JOLI PETIT COQ ORNE LA BOUTEILLE...

...ALORS TU VAS ME FAIRE PLAISIR ET MANGER TES PATATES AUX PATATES...

FOUIII

SPLART!

...EN ATTENDANT D'ABATTRE TA PREMIÈRE POULE POUR POUVOIR LA DÉGUSTER AVEC UN PLAISIR SANS CESSE RENOUVELÉ.

!

«ABATTRE MA PREMIÈRE POULE?»

...

QUE VEUX-TU DIRE PAR « ABATTRE MA PREMIÈRE POULE » ?

QUE POUR **MANGER** UNE POULE, IL FAUT D'ABORD LA **TUER**.

TU VEUX DIRE QU'IL VA FALLOIR...

v

poule sentimentale

MAIS À EN JUGER PAR TON AIR DE BEIGNET MAL FRIT, JE DEVINE QUE TU NE PARTAGES PAS MON ENTHOUSIASME POURTANT PAR-FAI-TE-MENT CONTAGIEUX.

TSS...

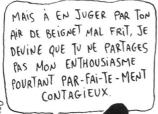

NON, NON... LE PROBLÈME C'EST PLUTÔT QU'EN TE VOYANT DÉVELOPPER AINSI UN TEL LIEN DE COMPLICITÉ AVEC TON ADORABLE TROUPEAU D'AMIS AILÉS...

...J'APPRÉHENDE AVEC UN REGRET CERTAIN LE MOMENT FATIDIQUE OÙ JE DEVRAI TE RAPPELER QUE CHACUNE DE CES POULES QUE TU T'AMUSES À BAPTISER EST CONDAMNÉE À MOURIR.

À CE SUJET...

DE TES MAINS.

JE CROIS QU'IL EST POSSIBLE DE CONTOURNER LE PROBLÈME DE L'EXÉCUTION SOMMAIRE EN PROCÉDANT À UNE RÉÉVALUATION DU CONCEPT DE «MANGER» LA POULE.

NE POURRAIT-ON PAS TOUT SIMPLEMENT LA CROQUER?

UN TOUT PETIT PEU.

À PEINE.

LA CROQUOUILLER.

COMME CHA.

DE CETTE MANIÈRE, N'EST-IL PAS POSSIBLE POUR L'HOMME D'ALLER CHERCHER TOUS LES NUTRIMENTS ESSENTIELS QUE RECÈLE L'ANIMAL SANS POUR AUTANT METTRE FIN AUX JOURS DE CELUI-CI ?

JE CRAINS QUE TA POULE À DEMI-DÉVORÉE NE FASSE PAS LONG FEU, DE RETOUR PARMI SES CONGÉNÈRES...

ALORS ON POURRAIT TOUT SIMPLEMENT **la lécher**.

PAR EXEMPLE...

SAVAIS-TU QUE...

WIKIPÉDIA «VALIDE» MES SOURCES.

LA SUEUR DE POULE EST RICHE EN MINÉRAUX !

0,9 mg/l de sodium

0,4 mg/l de zinc

0,3 mg/l de fer

0,013 mg/l de magnésium

SLOURPE.

(VIDE)

BIEN QU'IL S'AGISSE, DE TOUTE ÉVIDENCE, D'UNE SOLUTION TOUT À FAIT RAISONNABLE AU PROBLÈME DE « L'INGESTION TOTALE »...

... J'AI PEUR QUE LE GRAND PUBLIC, PRISONNIER DE SES HABITUDES DE CONSOMMATION UN PEU SCLÉROSÉES, NE SOIT PLUS DIFFICILE À CONVAINCRE QUE MOI.

BOC?

VOILÀ LE PROBLÈME FONDAMENTAL AUQUEL EST CONFRONTÉ TOUT PROJET DE DÉVELOPPEMENT DURABLE.

IL FAUT SE RENDRE À L'ÉVIDENCE : L'ÉPREUVE DU RÉEL EST IMPITOYABLE.

65

FOMP!

QUOI?!

JE DÉSIRE, APRÈS TOUT, DEMEURER INTÈGRE ET RESPECTER MES PRINCIPES.

EN ME FAISANT FAIRE LA SALE BESOGNE !

JE CROIS QUE TU ES, SANS CONTREDIT, CELUI QUE L'ON NOMME COMMUNÉMENT...

...L'HOMME DE LA SITUATION.

CE QUI M'ENRAGE DANS LE CAS PRÉSENT, C'EST D'ÊTRE...

...L'HOMME DE **TA** SITUATION.

OH TU SAIS...

PEU IMPORTE LA SITUATION, L'IMPORTANT C'EST D'EN ÊTRE L'HOMME.

...OU LA FEMME.

Tu vois...

...C'EST UN PEU COMME DANS **The Man Who Shot Liberty Valance** :

JE SUIS **JAMES STEWART** ...

...NOBLE REPRÉSENTANT D'UNE CIVILISATION À VENIR, JE ME DOIS DE DEMEURER UN SYMBOLE DE PURETÉ POUR QUE CE MONDE MEILLEUR DONT JE RÊVE SOIT ÉRIGÉ SUR LES BASES SAINES D'UNE ÉTHIQUE IRRÉPROCHABLE...

...QUITTE À MENTIR...

TANDIS QUE TOI...

...TU ES **JOHN WAYNE** !

UN HOMME DE TERRAIN ! CELUI QUI N'A PAS PEUR DE SE SALIR LES MAINS PARCE QU'ELLES SONT DÉJÀ SALES DEPUIS LONGTEMPS !

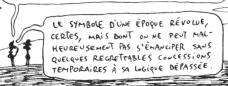

LE SYMBOLE D'UNE ÉPOQUE RÉVOLUE, CERTES, MAIS DONT ON NE PEUT MALHEUREUSEMENT PAS S'ÉMANCIPER SANS QUELQUES REGRETTABLES CONCESSIONS TEMPORAIRES À SA LOGIQUE DÉPASSÉE.

JE SUIS DONC, SELON TON RAISONNEMENT, UN DINOSAURE NÉCESSAIRE.

EXACTEMENT !

UN DINOSAURE NÉCESSAIRE.

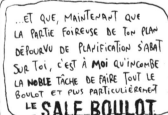

DONNE-MOI **UNE** BONNE RAISON POUR QUE CE SOIT MOI QUI ÉGORGE TES POULES.

....

JE SUIS TROP SENSIBLE.

AU MOMENT DE PROCÉDER, J'HÉSITERAI

BOC.

...MON GESTE MANQUERA DE CONVICTION...

?

FFFFFFN

...ET LA PAUVRE BÊTE SOUFFRIRA INUTILEMENT.

BUUUUHH...

LE COU À DEMI-TRANCHÉ, LA TÊTE PENDOUILLANTE, L'ANIMAL AGONISERA TANDIS QUE, PARALYSÉ PAR LE REMORD, JE SERAI INCAPABLE DE TERMINER CE QUE J'AI COMMENCÉ.

BOC.

BOC.

BÂÂHUK!

...BROC.

AU BOUT DE QUELQUES ATROCITÉS, **TU** SAURAS TROUVER LA RÉSOLUTION NÉCESSAIRE POUR TUER AVEC LA FÉROCITÉ QUI EST DE RIGUEUR DANS UNE TELLE SITUATION.

JE SUIS INFINIMENT MALADROIT.

(SOUPIR)

JE VISERAI MAL ET, RATANT DE PEU LA POULE, JE ME TRANCHERAI IMMANQUABLEMENT LES DOIGTS.

REGARDE, ÇA SPLUUURTE PARTOUT.

JE NE POURRAI PLUS JOUER DE LA GUITARE!

TU N'AS JAMAIS JOUÉ DE LA GUITARE.

JE NE POURRAI JAMAIS APPRENDRE À JOUER DE LA GUITARE.

JE NE VOIS PAS CE QU'IL Y A DE MAL À CELA.

TU VOUDRAIS ME PRIVER DE LA CHANCE DE M'EXPRIMER PAR LA MUSIQUE?

JE VOUDRAIS PLUTÔT M'ÉPARGNER LA CHANCE DE T'ENTENDRE ESSAYER.

C'EST DÉLOYAL.

L'EST-CE RÉELLEMENT?

BRUCE AURAIT ACCEPTÉ DE TUER DES POULES POUR NOURRIR LA CLASSE OUVRIÈRE!

OUAIS.

BRUCE AURAIT ACCEPTÉ DE FAIRE LA SALE BESOGNE POUR AIDER UN CAMARADE DANS LE BESOIN!

OUAIS.

BRUCE AURAIT REFUSÉ QUE LE TRAVAIL SOIT MAL FAIT! OU QU'UN CONFRÈRE OU UNE CONSOEUR DE L'USINE NE SE FASSE MAL SUR LA CHAÎNE DE PRODUCTION!

OUAIS.

PARCE QUE BRUCE SPRINGSTEEN EST SOLIDAIRE! PARCE QUE C'EST UN HOMME DU PEUPLE!

OUAIS.

TU NE ME FERAS PAS FLÉCHIR GRÂCE AU SIMPLE POUVOIR D'UN MYTHE.

OUAIS?

SOIS CERTAIN QUE JE TROUVE DÉSOLANT LE FAIT DE DEVOIR PROUVER QUE LES MOYENS LES PLUS VILS S'AVÈRENT ENCORE ET TOUJOURS LES PLUS EFFICACES...
...ET SACHE QUE SI JE NE CROIS PAS EN CET ADAGE VOULANT QUE LA FIN JUSTIFIE LES MOYENS...
... JE PENSE NÉANMOINS QUE LA FIN JUSTIFIE **MES** MOYENS.

la plume qui fait déborder le vase

(n'est que la première du plumeau)

79

« Une étrange folie possède les classes ouvrières des nations où règne la civilisation capitaliste. »

« Cette folie traîne à sa suite des misères individuelles et sociales qui, depuis deux siècles, torturent la triste humanité. »

« Cette folie est l'amour du travail, la passion moribonde du travail, poussée jusqu'à l'épuisement des forces vitales de l'individu et de sa progéniture. »

C'EST DE PAUL LAFARGUE, ÇA. C'ÉTAIT LE NEVEU DE KARL MARX.

IL A ÉCRIT UN ESSAI PASSIONNANT QUI S'INTITULE « *Le droit à la paresse* ».

ÇA T'INTÉRESSERAIT SANS DOUTE.

DIRE QUE J'AI ATTENDU TOUTES CES ANNÉES AVANT DE LE LIRE. IL AURA FALLU QUE JE M'ÉCHAPPE DE L'EXACT SYSTÈME QUI Y EST CRITIQUÉ POUR PRENDRE LE TEMPS DE LE FAIRE. QUELLE IRONIE !

SCROUNCH SCROUNCH

le temps.

VOILÀ CE QU'ILS EMPLOIENT POUR NOUS CONTRÔLER.

?

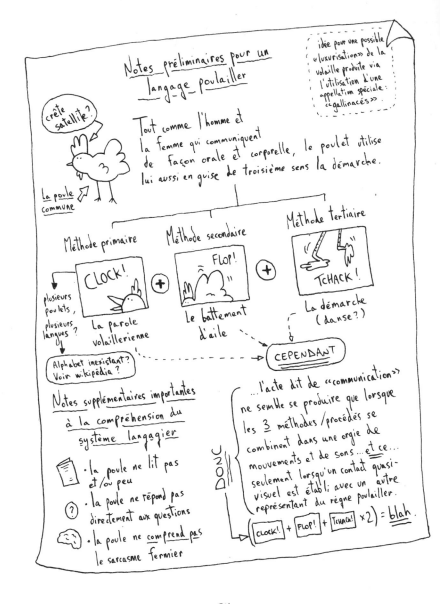

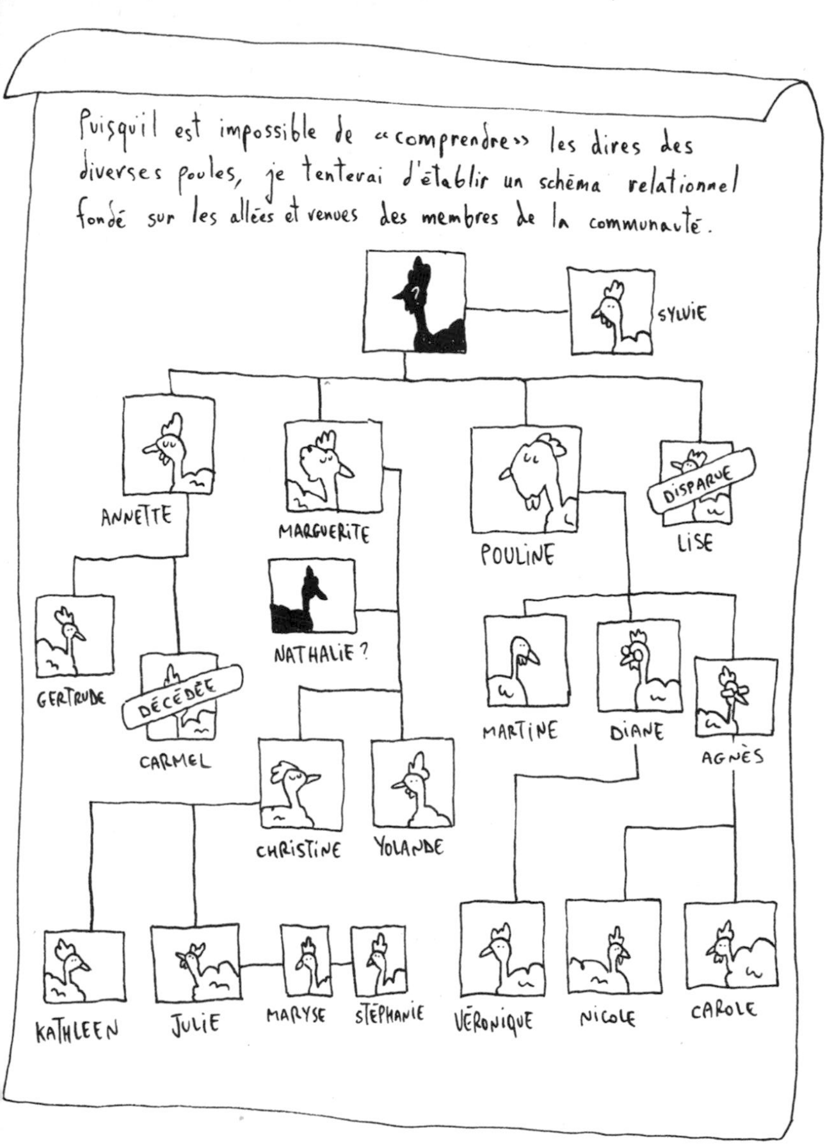

Puisqu'il est impossible de «comprendre» les dires des diverses poules, je tenterai d'établir un schéma relationnel fondé sur les allées et venues des membres de la communauté.

SYLVIE

ANNETTE

MARGUERITE

POULINE

LISE
DISPARUE

NATHALIE ?

GERTRUDE

CARMEL
DÉCÉDÉE

CHRISTINE   YOLANDE

MARTINE   DIANE

AGNÈS

KATHLEEN   JULIE   MARYSE   STÉPHANIE   VÉRONIQUE   NICOLE   CAROLE

Le schéma précédent exclut toutefois un certain nombre de poules qui ne «communiquent» avec le reste du groupe qu'après ce qui semble mimer un «processus de consultation» menant à des décisions prises de façon horizontale...

Exemple type de «l'échange extra-organisationnel» →

Pouline

TENTE DE COMMUNIQUER AVEC

Emma

Emma se réunit avec un regroupement précis de poules au centre du poulailler...

CLOCK!

+

FLOP!

+

TCHACK!

Rosa

Simone

Emma

Louise

Blanche

Catherine

Emma recontacte ensuite Pouline et divers canards du coin

Pouline

? ....

Agnès

Canard

Canard

un autre canard

Il arrive cependant que Pouline exige qu'Agnès serve d'intermédiaire

Note: Les canards ne sont pas des poules.

86

Tout cela n'explique toujours pas le «comment» réel de la mécanique communicationnelle extra-orale de la poule.

Ce que l'on sait :
(wikipédia confirme)

Une poule n'a pas de dents.

Outre la danse et les autres moyens précédemment cités, demeure-t-il des théories dites alternatives ?

→ OUI. Voici trois hypothèses :

HYPOTHÈSE I : Les ondes

Telle la chauve-souris (toujours aucune preuve que cette dernière n'est pas «oiseau»), la crête de la poule envoie et reçoit des ondes établissant un lien avec ses convives de basse-cour.

fig. I

HYPOTHÈSE II : Le laser infrarouge

Le regard de la poule est très particulier.

Serait-ce possible que cet oeil qui a mystifié des civilisations entières soit muni d'un laser infrarouge permettant l'échange de données ?

fig. II

HYPOTHÈSE 3: LES DENTS

Et si les dents de la poule étaient munies d'un système de relâche? (comme certains mammifères) Un système qu'elle aurait oublié en devenant plus docile au fil des ans, laissant les dents incarnées dès la naissance?

RADIOGRAPHIE

DENTS INCARNÉES

Ne suffirait-il donc pas de trouver un moyen de <u>réactiver le processus de désincarnation</u> afin de provoquer une excroissance dentale menant à la prise de parole du poulet. Je crois que oui.

bonjour monsieur.

bonjour!

belle journée pour un poulet à la cacciatore.

jolie proposition!

YOUM!

N'est-il pas?

??? Pourquoi n'y ai-je pas pensé <u>avant</u> ? ??

HYPOTHÈSE 36 : ## LE GRAND RISQUE

Et si « l'excroissance de la dent » menait à une montée en flèche de l'agressivité de la poule ?

SOLUTION : LE GRAND LOUP D'AMÉRIQUE

L'achat de quelques grands loups d'Amérique pourrait servir au maintien de l'ordre afin d'empêcher la détérioration du climat social au sein du poulailler.

RADIOGRAPHIE

DANGER

LE LOUP EST UN PRÉDATEUR FIABLE.

Problèmes liés à l'achat massif de grands loups d'Amérique...

les loups mangent TOUTES les poules

les poules, trop agressives, mangent TOUS les loups

les loups mangent TOUTES les poules et, ayant pris goût au sang, mangent TOUS les fermiers.

Fin de Poulet grain-grain.

Il faut donc empêcher par tous les moyens l'excroissance commercialement fatale de la dentition chez la volaille.

À MON AVIS, GERTRUDE NE SE DOUTE DE RIEN.

TU LA SOUS-ESTIMES.

À L'ABRI DES REGARDS, ELLE COUVE DÉJÀ L'ŒUF DE LA RÉVOLUTION.

SANS VOULOIR HEURTER CETTE SENSIBILITÉ DE TOUTE ÉVIDENCE À FLEUR DE PEAU QUE TU EXACERBES AU GRÉ DE DE TA FOLIE DÉGÉNÉRESCENTE, JE CROIS, EN TOUTE RÉSERVE, QUE TU T'IMAGINES DES ABSURDITÉS PLUS SUBJECTIVES QU'OBJECTIVES QUI EN FAIT SONT À PROPREMENT PARLER DÉ-BI-LES.

TU PENSES DONC QUE NOUS DEVRIONS...

...ÉLIMINER GERTRUDE ?

EN TEMPS ET LIEU, LORSQU'ELLE SERA GROSSE ET DÉLICIEUSE...

CROIS-TU QU'ON POURRAIT MATER LA RÉVOLTE EN FAISANT D'ELLES DES POULES BIOLOGIQUES?

JE CROIS QUE CES POULES SE CONTRE-FICHENT DE CE STATUT SOCIAL QUE TU SONGES À LEUR OCTROYER.

SCROUFE.

ELLES SONT INCORRIGIBLES.

INCORRUPTIBLES!

JE CROIS QU'ELLES SONT PLUS INCONSCIENTES QUE CONSCIENTISÉES.

TU NE LES CONNAIS PAS COMME **JE** LES CONNAIS!

JE CROIS QUE C'EST CE QUI, DANS LE CAS PRÉSENT, EXPLIQUE MA LUCIDITÉ.

TANDIS QUE NOUS PARLONS, ELLES S'ORGANISENT.

BLAH BLAH

!!!

BIENTÔT, ELLES FORMERONT UN SYNDICAT!

NOTRE AUTORITÉ EST FRAGILE.

IL FAUDRAIT POUR L'ASSEOIR...

...FEINDRE DE CÉDER À LEURS DEMANDES AFIN DE CULTIVER CHEZ ELLES L'IVRESSE ANESTHÉSIANTE D'UNE VICTOIRE ILLUSOIRE.

TU NÉGOCIERAS AVEC LE SYNDICAT DES POULES DEMAIN.

ELLES NE COMPRENNENT PAS...

NOUS VOULONS LEUR BIEN. LEUR BIEN!

CE QUI FERA DU BIEN À TOUT LE MONDE, C'EST UNE BONNE NUIT DE SOMMEIL.

IL FAUDRA BIEN QU'ELLES APPRENNENT, DE GRÉ OU DE FORCE, QUE C'EST NOUS QUI SAVONS CE DONT ELLES ONT BESOIN.

...EN ATTENDANT, CE DONT TU AS BESOIN, C'EST D'UN PEU DE REPOS.

SMOC!

NOTRE RÈGNE EST ÉCLAIRÉ!

DORS TYRAN, DORS.

Z

la dernière
poule sauvage

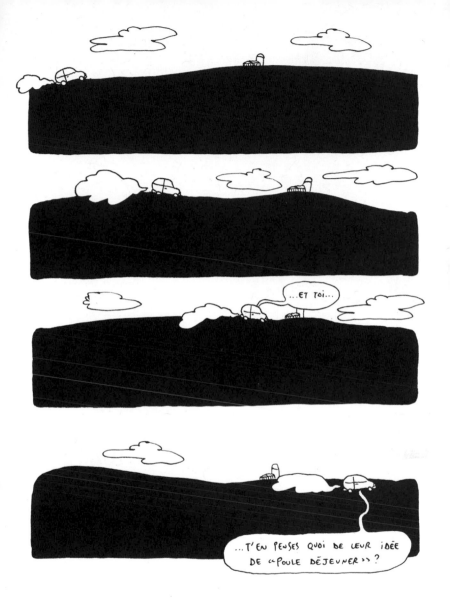

Si tu veux mon avis, c'est contre nature.

Une poule qui baigne dans ses propres oeufs, ça me fait penser au cannibalisme.

...ou à l'inceste.

Un peu comme quand les champignons se mettent à moisir?

EXACTEMENT!

ATTENTION à nos enfants, c'est peut-être ...le vôtre!

Mais bon, ces deux-là...

...je ne crois pas qu'une seule de leurs idées a déjà tenu la route...

129

on ne peut pas faire de poule sans casser d'œufs

CONTRAIREMENT À CE QUE POURRAIENT LAISSER CROIRE DE TROMPEUSES APPARENCES AMPLIFIÉES PAR D'INEXACTS OUÏ-DIRE RÉPANDUS PAR DE MAUVAISES LANGUES...

... LE **MILLE BORNES** N'EST PAS QU'UN VULGAIRE AMUSEMENT JUVÉNILE REPOSANT ESSENTIELLEMENT SUR LE HASARD.

IL S'AGIT PLUTÔT D'UNE SIMULATION ÉLÉGAMMENT ÉPURÉE DE LA COURSE AUTOMOBILE OÙ LA VICTOIRE DÉPEND D'UN SAVANT DOSAGE DE STRATÉGIE ET DE NERF!

PERSONNELLEMENT, J'AIME M'IMAGINER QUE JE SUIS *STEVE McQUEEN* DANS *LE MANS* DE LEE H. KATZIN...

QUANT À TOI, TU POURRAIS ÊTRE LE MYSTÉRIEUX KOWALSKI DE *VANISHING POINT*...

... ET TOI TU SERAS L'AS DES AS...

MICHEL VAILLANT

«OH CHOUETTE..»

«J'AI TOUJOURS RÊVÉ D'ÊTRE MICHEL VAILLANT.»

VRRR

TAC!

P PANNE D'ESSENCE

FATIDIQUE ERREUR DE CALCUL.

C'EST QUAND MÊME DUR D'Y CROIRE, À CETTE PANNE D'ESSENCE.

LA COURSE VIENT À PEINE DE COMMENCER...

TU AVAIS PEUT-ÊTRE OUBLIÉ DE FAIRE LE PLEIN AVANT DE L'ENTAMER.

J'AURAIS JAMAIS OUBLIÉ DE TINQUER AVANT UNE COURSE.

EH BIEN, DE TOUTE ÉVIDENCE...

TU AVAIS OUBLIÉ DE LE FAIRE CETTE FOIS-CI.

C'EST À TON TOUR.

MILLE BORNES

MILLE BORNES

135

DE SON CÔTÉ, MON BOLIDE FILE À TOUTE ALLURE JUSQU'À LA VICTOIRE.

...ET PAF!

C CREVÉ!

OH OH! C'EST CE QUE TU CROYAIS... JUSQU'À CE QU'UNE FORT FÂCHEUSE **CREVAISON** AIT RAISON DE SON ÉLAN.

C'ÉTAIT SANS COMPTER SUR LE FAIT QUE CELUI-CI ÉTAIT ÉQUIPÉ DE PNEUS **INCREVABLES**!

increvable

DES PNEUS INCREVABLES?

ÇA EXISTE PAS ÇA, DES PNEUS INCREVABLES.

SI LA CARTE LE DIT, ÇA DOIT ÊTRE VRAI.

DANS CE CAS, C'EST LA RÉALITÉ CONSTRUITE PAR LES RÈGLES DU JEU QUI EST FAUSSE.

PEUT-ÊTRE, MAIS ON NE PEUT PAS REMETTRE EN QUESTION LES RÈGLES DU JEU.

SI UNE RÈGLE EST ABSURDE...

...NOTRE DEVOIR EST DE LA CONTESTER!

CONTESTE TANT QUE TU VOUDRAS. POUR MA PART, JE CONTINUERAI DE ROULER À BORD DE MA VOITURE ÉQUIPÉE DE PNEUS **INCREVABLES**.

BON, BON BON...

JE VAIS PIGER UNE AUTRE CARTE COMPLÈTEMENT INUTILE SI ÇA PEUT VOUS FAIRE PLAISIR.

TSSS...

PFFF...

ENFIN

VOUS NE PERDEZ RIEN POUR ATTENDRE, CHENAPANS DE GRAND ROUTE.

RIRA BIEN QUI RIRA LE DERNIER.

CETTE TORTUE SAURA DONNER AU LIÈVRE UNE LEÇON QU'IL N'OUBLIERA PAS DE SITÔT.

TAC!

ROULEZ

UN INSTANT.

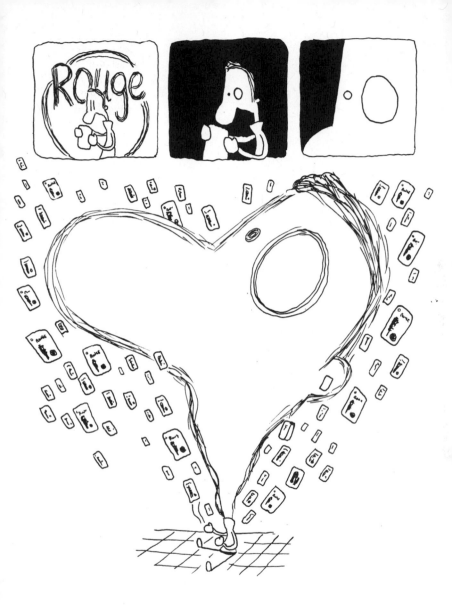

JE NE VOUDRAIS SURTOUT PAS CONTRIBUER PAR MES GESTES À UN EXCÈS DE THÉÂTRALITÉ QUI DONNERAIT AU RÉEL L'APPARENCE D'UNE VASTE PARODIE DE LUI-MÊME.

À FORCE DE SE METTRE EN SCÈNE, ON EN VIENT À OUBLIER DE SE POSER SOI-MÊME CERTAINES QUESTIONS ESSENTIELLES...

...QUANT À LA NATURE DE CE QUE L'ON MET EN SCÈNE.

TOUT CE SPECTACULAIRE EXACERBÉ TRANSFORME EN SPECTACLE CE QUI DEVRAIT ÊTRE APPRÉHENDÉ DE MANIÈRE MOINS...

...SPECTACULAIRE.

MAIS JE NE VOUDRAIS PAS NON PLUS PASSER INAPERÇU.

C'EST QUE, VOYEZ-VOUS, J'AI EU... QUELQUE CHOSE...

...COMME UNE SORTE DE RÉVÉLATION.

UNE AUTRE?

146

COMMENT POUVONS-NOUS PROGRESSER SI, CHAQUE FOIS QUE J'AI LA MOINDRE ÉPIPHANIE DE RIEN DU TOUT, JE ME BUTE AU MUR IMMUABLE DE TON INCORRIGIBLE CYNISME?

C'EST UNIQUEMENT UNE PETITE MANIÈRE QUE J'AI TROUVÉ DE RENDRE LA CRUAUTÉ DE L'EXISTENCE UN BRIN PLUS TOLÉRABLE.

EH BIEN SACHE QUE C'EST TRÈS DÉPLAISANT.

C'EST TOUT DE MÊME DRÔLE, NON?

UN TOUT PETIT PEU DRÔLE?

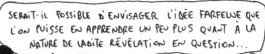

SERAIT-IL POSSIBLE D'ENVISAGER L'IDÉE FARFELUE QUE L'ON PUISSE EN APPRENDRE UN PEU PLUS QUANT À LA NATURE DE LADITE RÉVÉLATION EN QUESTION...

SÉRIEUX, ON S'EN CÂLISSE.

TAP, TAP, TAP

TAP, TAP...

...JE VEUX DIRE, DANS UN ESPACE DE TEMPS QUI S'APPARENTERAIT À UN AVENIR RAPPROCHÉ?

EH BIEN...

...JE L'AI EUE DANS LA FORÊT.

MAIS ENCORE..?

ÇA EN FAIT UNE RÉVÉLATION **FORESTIÈRE**.

MAIS FONCIÈREMENT, CES FORESTERIES NE CHANGENT STRICTEMENT RIEN À LA NATURE DE LADITE RÉVÉLATION.

NON, MAIS UNE TELLE MISE EN CONTEXTE POURRA POTENTIELLEMENT INTÉRESSER LES HISTORIENS QUI AURONT À RECONSTITUER LA CHAÎNE D'ÉVÉNEMENTS AYANT MENÉ À CETTE RÉVÉLATION.

ENCORE FAUDRA-T-IL CONVAINCRE CES HYPOTHÉTIQUES HISTORIENS DE LA PERTINENCE DE LA RÉVÉLATION EN QUESTION.

PATIENCE, PATIENCE.

NOUS Y VIENDRONS.

!

MAIS VENONS-Y! VENONS-Y!

TAP, TAP

148

Tu nous entraînes jusqu'au milieu de nulle part, dans une ferme toute pourrie que tu m'obliges à retaper...

...Tu me sors l'argument du Bruce dans le but de me transformer en exterminateur de volaille professionnel...

...tu t'imagines qu'Hortense la poule...

Gertrude.

GERTRUDE, pardonne-moi... est à la tête d'une grande révolution aviaire...

...puis tu fuis dans la forêt où tu as une «révélation» en voyant je ne sais trop quel buisson ardent...

TOUT ÇA POUR ME DIRE DE LIBÉRER LES POULES ?!

...ce n'était pas un buisson, en fait.

C'était une poule sauvage.

PROBABLEMENT LA DERNIÈRE.

Mais je ne voudrais pas trop m'avancer sur ce point.

Après tout, je ne voudrais surtout pas être responsable d'un faux pas historiographique d'une telle envergure.

MAIS CETTE POULE...

...SI LIBRE, SI... BELLE...

UN TEL ANIMAL, VOIS-TU, NE PEUT QU'INSPIRER L'HOMME À SE DÉPASSER LUI-MÊME !

JE CROIS QUE CETTE POULE «LIBRE», QUI S'ÉTAIT PROBABLEMENT ÉCHAPÉE PAR ACCIDENT D'UNE QUELCONQUE FERME D'ÉLEVAGE INDUSTRIEL, ATTENDAIT TOUT BÊTEMENT D'ÊTRE DÉVORÉE PAR LE PREMIER LOUP VENU.

LE LOUP EST UN LOUP POUR LA POULE.

MAIS COMPRENDS-TU QUE CETTE VISION D'ESPOIR M'A REDONNÉ LE COURAGE DE CROIRE...

...QU'UN MONDE MEILLEUR EST RÉELLEMENT POSSIBLE ?

ÉVIDEMMENT.

TOUT CE QUE JE REMETS EN QUESTION, C'EST LA RÉALITÉ DE CETTE VISION D'ESPOIR.

SI CHACUN PEUT VOIR SA PROPRE POULE SAUVAGE, AU DÉTOUR D'UN BOSQUET, ALORS LE MONDE DE NOUVEAU APPARTIENDRA AUX HOMMES.

?

HOP.

COMPRENDS-TU QU'IL FAUT LEUR REDONNER ESPOIR?

COMPRENDS-TU CELA?!

EST-CE QU'ON VA LIBÉRER LES POULES?

BONNE IDÉE.

CHAQUE POULE LIBÉRÉE EST EN FAIT UNE PETITE BOMBE À RETARDEMENT SUR PATTES, L'ESPOIR D'UN ESPOIR!

OUI. L'ESPOIR QUE LA LUTTE EST ENCORE POSSIBLE! MÊME SI LES PANDAS TOMBENT!

LES POULES, ELLES, POURSUIVRONT LE COMBAT CONTRE L'OPPRESSION!

LE POULETARIAT NE PEUT PAS ÊTRE VAINCU!

...MANGÉ, PEUT-ÊTRE...

...MAIS CERTAINEMENT PAS VAINCU!

152

CERTES, JE CROIS COMPRENDRE LE SYMBOLE.

...MAIS JE ME DEMANDE PAR CONTRE SI LE FAIT DE REMETTRE EN LIBERTÉ CETTE POIGNÉE DE POULES SAURA RÉELLEMENT INSUFFLER UN TEL ESPOIR...

AQUAPARC AQUATIQUE

SPLOUF.

...OU SI CE GESTE, AUSSI BIEN INTENTIONNÉ SOIT-IL, NE REVIENT PAS PLUTÔT À SERVIR LES POULES EN QUESTION EN PÂTURE AUX COYOTES QUI TRAÎNENT DANS LES PARAGES.

QU'IMPORTE LES CONSÉQUENCES.

IL FAUT FAIRE CE QUI EST **JUSTE**.

UU

TU CROIS QU'ELLES SAURONT S'ORGANISER?

ASSEMBLÉE GÉNÉRALE ANNUELLE CE MARDI

...DÉVELOPPER UN MODÈLE SOCIAL ÉGALITAIRE, À LA HAUTEUR DE LEURS IDÉAUX?

=

JE NE SAURAIS LE DIRE.

MAIS AU MOINS, ELLES SERONT MAÎTRES DE LEUR PROPRE DESTINÉE.

ELLES SEULES SERONT RESPONSABLES DE LEURS TRIOMPHES COMME DE LEURS ÉCHECS.

153

LA MAUVAISE TÊTE

Maison d'édition dirigée par
Sébastien Trahan *&* Vincent Giard

PARUTIONS

Du chez-soi, Ariane Dénommé

La muse récursive, David Turgeon

Pinkerton, François Samson-Dunlop *&* Alexandre Fontaine Rousseau

Le potager de VIC + FLO, Jimmy Beaulieu

Poulet grain-grain, François Samson-Dunlop
& Alexandre Fontaine Rousseau

Les pièces détachées, David Turgeon *&* Vincent Giard

La guerre des rues et des maisons, Sophie Yanow

Achevé d'imprimer en août 2013 à Gatineau
sur les presses de Gauvin.

N° d'éditeur : 6

Mise en page : Vincent Giard & David Turgeon.
Révision texte : Bernard Wright-Laflamme.
Révision image : Vincent Giard.